AF349484

TOMBEAU

DU

MARÉCHAL D'ORNANO

NE VIT PAS SEVLEMENT
L'HOMME
DE PAIN

TOMBEAU

MARÉCHAL D'ORNANO

À AUBENAS (ARDÈCHE)

(Documents inédits)

Par HENRY VASCHALDE

Officier d'Académie , Membre de plusieurs Sociétés savantes

VIENNE

E.-J. SAVIGNÉ, IMPRIMEUR-ÉDITEUR

1878

Extrait de la *Revue du Dauphiné et du Vivarais*

Tiré à cent exemplaires

TOMBEAU

DU

MARÉCHAL D'ORNANO

A AUBENAS (ARDÈCHE)

(Documents inédits)

L existe, dans le Vivarais, un monument histori-
que sur lequel nous désirerions appeler l'attention
de M. le Ministre des Beaux-Arts : c'est le tombeau du maréchal d'Ornano , qui se trouve dans l'église
paroissiale de la ville d'Aubenas. Il est relégué dans une
vieille sacristie sombre et délabrée, où personne ne peut le
voir. Il serait à désirer qu'on lui donnât une meilleure
place.

Avant de décrire ce magnifique tombeau, nous allons
esquisser la biographie du célèbre maréchal.

Jean-Baptiste d'Ornano naquit à Sisteron, le 5 juillet 1581;
il était petit-fils de San-Pietro de Bastelica et fils aîné d'Alphonse d'Ornano (1). Il succéda à son père dans les fonc-

---

(1) On sait que c'est au courage et à la fidélité d'Alphonse que
Henri IV dut la prise de la ville de Lyon. Aussi voulut-il lui remettre

tions de colonel-général des Corses au service de la France, et fut gouverneur de Gaston d'Orléans, frère unique du roi Louis XIII. Il remplit cette charge avec beaucoup de distinction. En 1624, il suggéra au prince le désir d'entrer au conseil, afin d'y entrer lui-même. Le 7 avril 1626, il reçut le bâton de maréchal de France. Quelques jours après, accusé d'avoir conspiré contre le cardinal de Richelieu, il fut arrêté à Fontainebleau, où la cour passa une partie du printemps (1), et conduit au château de Vincennes, où il mourut, le 9 novembre 1626, pendant qu'on instruisait son procès. Il fut étranglé, disent les uns, empoisonné, assurent les autres ; ce qu'il y a de certain, c'est qu'il périt victime de la jalousie que ses éminentes qualités avaient inspirée à de vils courtisans jaloux, comme toujours, du vrai mérite.

En 1631, on ordonna à Marie de Montlaur, veuve d'Ornano, qui était à Compiègne, auprès de la reine-mère, de se retirer dans ses terres (2).

Elle obtint du roi, non sans peine, la remise du corps du maréchal. Elle le fit embaumer et transporter à Aubenas où il resta exposé dans l'église paroissiale, jusqu'à ce que le sculpteur, qu'elle avait fait venir à grands frais d'Italie, eût terminé le

lui-même le bâton de maréchal. On fit, à cette époque, les vers suivants pour Ornano :

> *Quand il remit Lyon dans son obéissance,*
>> *On le fit maréchal de France,*
> *Quoique le nombre fût de quatre seulement ;*
> *Et comme sa valeur était incomparable,*
> *Henri-le-Grand changea cet ordre justement*
> *Puisqu'il ne pouvait pas le faire connétable.*

(L'HERMITE DE SOULIERS).

(1) *Histoire du cardinal de Richelieu*, p. 45.

(2) Marie de Montlaur, marquise de Maubec et dame de Vals, était propriétaire de nos anciennes sources minérales : c'est d'elle que viennent les noms de la *Marie* et de la *Marquise*.

tombeau qui devait recevoir la dépouille de celui qu'elle avait tant aimé et qu'elle ne devait plus maintenant que pleurer (1).

Ce tombeau, qui est en marbre noir, se compose d'un soubassement carré, en pierres, formant socle, revêtu extérieurement d'épaisses lames de marbre gris et de quatre piliers massifs posés à chacun des angles du soubassement et supportant une voûte en plein cintre, couronnée d'une corniche à rebords très-saillants; sur cette corniche ou portique, d'un style noble et sévère, s'offrent agenouillées et en prières, l'une à côté de l'autre, devant un prie-Dieu, deux statues en marbre blanc et de grandeur naturelle, représentant : l'une, le maréchal d'Ornano, portant, au-dessus de son vêtement de guerre, le grand manteau de l'ordre du Saint-Esprit, orné de flammes symboliques ; l'autre, la maréchale d'Ornano, parée de son magnifique costume de cour, corsage tailladé et longues manches à crevées. Les ciselures de la cuirasse du maréchal rappellent certaines armures du XVIe siècle, qu'a publiées M. Achille Jubinal dans son *Armeria real*. Au dessous de la voûte, sur un entablement en marbre blanc, creusé à l'intérieur et destiné à recevoir le cœur et les entrailles des époux d'Ornano, était sculpté un coussin

(1) Ce mausolée n'est pas le seul monument consacré par Marie de Montlaur au souvenir de son cher époux, le maréchal d'Ornano. La vie, depuis la mort de ce dernier, n'avait plus pour elle aucun charme, et elle résolut de dire au monde un dernier adieu. Elle fit construire, non loin du château, un couvent où elle établit une communauté de dames religieuses de l'ordre de Saint-Benoît, qu'elle dota richement, et dont elle suivit la règle et ne tarda pas à prendre l'habit.

La maréchale vécut de nombreuses années, et mourut (le 27 janvier 1672), abbesse du couvent qu'elle avait fondé. Aujourd'hui, l'église si coquette et si ornée du couvent des Bénédictines sert de halle aux grains, et les appartements somptueux, habités jadis par une maréchale de France, abritent entre leurs murs nus et dépouillés, la partie la plus infime et la plus pauvre de la population d'Aubenas : *Sic transit gloria mundi*. (O. de Valgorge, *Souvenirs de l'Ardèche*, t. II, p. 121).

à glands pendants, sur lequel reposaient la couronne seigneuriale et le bâton de maréchal de France. Une Renommée, en bronze doré, déployait ses ailes au sommet du monument.

En 1793, ce magnifique tombeau fut mutilé de la façon la plus indigne; la statue du maréchal, privée de la tête, des mains et des pieds, ne présente plus que les fragments réunis d'une pesante armure. Ce ne sont que débris de cuissards, de brassards et de cottes de mailles. Celle de la maréchale a eu à peu près le même sort: la tête et les mains ont été enlevées. De douze bas-reliefs en marbre blanc, il en restait huit en 1854; six existent encore.

Il y a une douzaine d'années seulement, il s'est passé, à Aubenas, un fait aussi curieux qu'intéressant. Un jour de la Semaine-Sainte, à huit heures du soir, une personne qui allait se confesser, heurta, en entrant dans le confessional, un paquet très-lourd; elle prit un cierge qui brûlait à la chapelle, pour examiner ce dépôt étrange : quelle ne fut pas sa frayeur en voyant, parfaitement enveloppée de deux serviettes très-propres, une tête!... On court à la sacristie, on appelle M. le curé, on examine la tête et on reconnaît qu'elle n'est autre que celle de la maréchale d'Ornano, qui manque à sa statue. Le lendemain, M. le curé s'empressa de la faire réintégrer. Aujourd'hui on peut la voir intacte, parfaitement soudée au cou de la maréchale.

Cette restitution, que très-peu de personnes connaissent, est d'une grande importance pour le monument d'Ornano; aujourd'hui, la statue de la maréchale est à peu près complète, il n'y manque que les mains, que l'on peut facilement restaurer (1). Heureuse coïncidence! des deux statues, c'est la plus

_____

(1) Il y a des gens qui ont une singulière façon d'écrire l'histoire. Un rédacteur de l'*Echo du monde savant*, M. Ch. Grouet, dans un article publié en 1844, fait la description « du mausolée d'Ornano *qu'il a vu récemment* (en 1844) à Aubenas. » *Les mains de la maréchale*, dit-il, *sont parfaitement modelées*. Or, les mains furent brisées en 1793; comment a-t-il pu les voir ?

belle; sans contredit, elle est de beaucoup supérieure à celle du maréchal. Comme l'a très-bien dit M. Ovide de Valgorge , « elle révèle, à un degré éminent, le sentiment de la beauté et de la pureté de la forme. Les contours du corsage, le sein et les épaules sont modelés avec une grâce charmante, et les longues et flottantes draperies du manteau de cour qui, partant de la taille, enveloppe dans ses plis ondoyants la partie inférieure du corps, ont du *jet* et de l'ampleur. »

Nous l'avons dit, le tombeau du maréchal d'Ornano, qui était placé, à la fin du siècle dernier, dans une chapelle latérale de l'église, est maintenant caché dans une sacristie remplie de poussière ; il est loin de mériter l'oubli et l'abandon dans lequel on le laisse depuis si longtemps. Indépendamment des souvenirs historiques qu'il rappelle, il a, comme œuvre d'art, un grand mérite d'exécution. Partout on y reconnaît les traces du ciseau exercé d'un de ces habiles sculpteurs du XVI⁰ siècle, émules de Jean Goujon et de Franca Villa (1).

Nous désirerions que le tombeau d'Ornano fût réintégré à la place honorable qui lui appartient, à plus d'un titre, dans l'église d'Aubenas. Nous aimons à croire que, si l'on demandait au gouvernement de venir en aide à la restauration des parties mutilées, — aujourd'hui surtout qu'on a dé-

---

(1) Quelques pièces du tombeau ne sont pas à leur place : ainsi, la pierre, mutilée sur le devant, qui supporte le heaume du maréchal, était placée sous la voûte. C'est sur cet entablement en marbre blanc, creusé à l'intérieur pour recevoir le cœur et les entrailles des époux d'Ornano, qu'était placé le coussin sur lequel reposaient la couronne seigneuriale et le bâton de maréchal de France. Le socle ou piédestal, parfaitement conservé, que l'on voit sous la voûte, était placé sur la corniche, derrière le heaume, et supportait une Renommée.

Les rebords de la corniche d'une des faces principales du tombeau — celle de derrière — sont revêtus de six panneaux en marbre blanc incrusté, sur lesquels l'artiste a sculpté, en demi-relief, des trophées d'armes groupés et agencés avec un goût parfait.

Des six bas-reliefs de la face de devant, il en restait deux, il y a quelques années ; aujourd'hui ils ont complétement disparu.

couvert la tête de la maréchale, — il s'empresserait d'y contribuer. C'est à la ville d'Aubenas à prendre l'initiative.

Ne terminons pas cette notice sans dire un dernier mot sur le genre de mort qui fut réservé au maréchal d'Ornano. Personne n'ignore combien les historiens sont divisés sur cette question.

L'Hermite de Souliers rapporte les vers suivants qui furent trouvés sur le drap mortuaire du maréchal :

> *L'envie et les malheurs triomphèrent de moi ;*
> ....
> *Mais ceux qui m'ont haï d'une invincible rage,*
> *A la mère et au fils m'ayant mis en ombrage,*
> *Me donnèrent la mort avecque le poison.*

Dans un article publié, en 1844, par le *Progressif*, journal de la Corse, nous lisons ce qui suit : « En 1782, on exhuma « le corps du maréchal du précieux tombeau qui le renfermait. « M. Teissier père, avocat d'Aubenas, qui assistait à cette « opération, nous a assuré que le corps d'Ornano était fort « bien conservé. La barbe avait poussé d'un sixième de « mètre environ ; les bandelettes qui enveloppaient le corps « étaient bien conservées et exhalaient une odeur aromatique « provenant de l'embaumement. M. Teissier nous a assuré « que la tête était bien *adhérente* au corps ; par conséquent, « c'est à tort que l'on a prétendu qu'il avait été *décapité*. »

Voici maintenant ce que nous avons relevé dans les *Notes* de M. Henri Deydier : « Jean-Baptiste d'Ornano ne fut pas « empoisonné dans le sens absolu du mot, comme le bruit en « courut en 1626. Ce fut son cachot, privé d'air, qui causa sa « mort, comme il causa celle du duc de Puylaurens, en 1635. « Aussi, Mme de Rambouillet disait-elle que cette chambre « valait son pesant d'arsenic.

« Quelques personnes ont cru que d'Ornano avait été « *décapité* en prison, mais cette erreur fut démontrée, « en 1793, quand ses restes furent arrachés du mausolée « où ils reposaient, à Aubenas. L'abbé Martel, professeur « d'humanités au collége, assista curieusement à cette exhuma-

« tion et s'assura que la tête n'était point séparée du tronc. »

On le voit, les auteurs sont bien divisés sur les moyens employés par le cardinal de Richelieu pour se débarrasser du maréchal d'Ornano.

Nous sommes en mesure de pouvoir éclairer d'un grand jour ce point obscur de l'histoire de l'infortuné maréchal. En 1869, en remplaçant les dalles de l'église d'Aubenas, le caveau d'Ornano fut ouvert, en présence d'une commission dont faisaient partie M. l'abbé Pic, curé, M. le maire et M. le docteur Tailhand. On put s'assurer que le corps du maréchal était parfaitement conservé et que, contrairement à l'assertion de MM. Teissier et Henri Deydier, *la tête ne tenait au corps que grâce à un fil d'or.*

Le maréchal d'Ornano a eu la tête tranchée à Vincennes : le fait est incontestable.

Il fallait que le vindicatif cardinal eût un grand intérêt à cacher cette décapitation, pour que les historiens ne l'aient jamais connue d'une manière certaine.

TRAITÉ

D'EXPLOITATION COMMERCIALE DES BOIS

(ANALYSE DU LIVRE DE M. MATHEY)

PAR

M. Ch. BROILLIARD

Extrait du *Bulletin de la Société forestière de Franche-Comté et Belfort.*
N° 6. Juin 1906.

BESANÇON

TYPOGRAPHIE ET LITHOGRAPHIE JACQUIN

—

1906